UNE

ERREUR GÉOGRAPHIQUE

OU SUR LA CAMPAGNE DE 1587

LA VÉRITABLE SITUATION

DU

CHÂTEAU DE GRÉSIL

PAR

FERNAND DAGUIN

DIJON

IMPRIMERIE PAUL BERTHIER, Vve P. BERTHIER, SUCC.

12, rue Berbisey, 12

1915

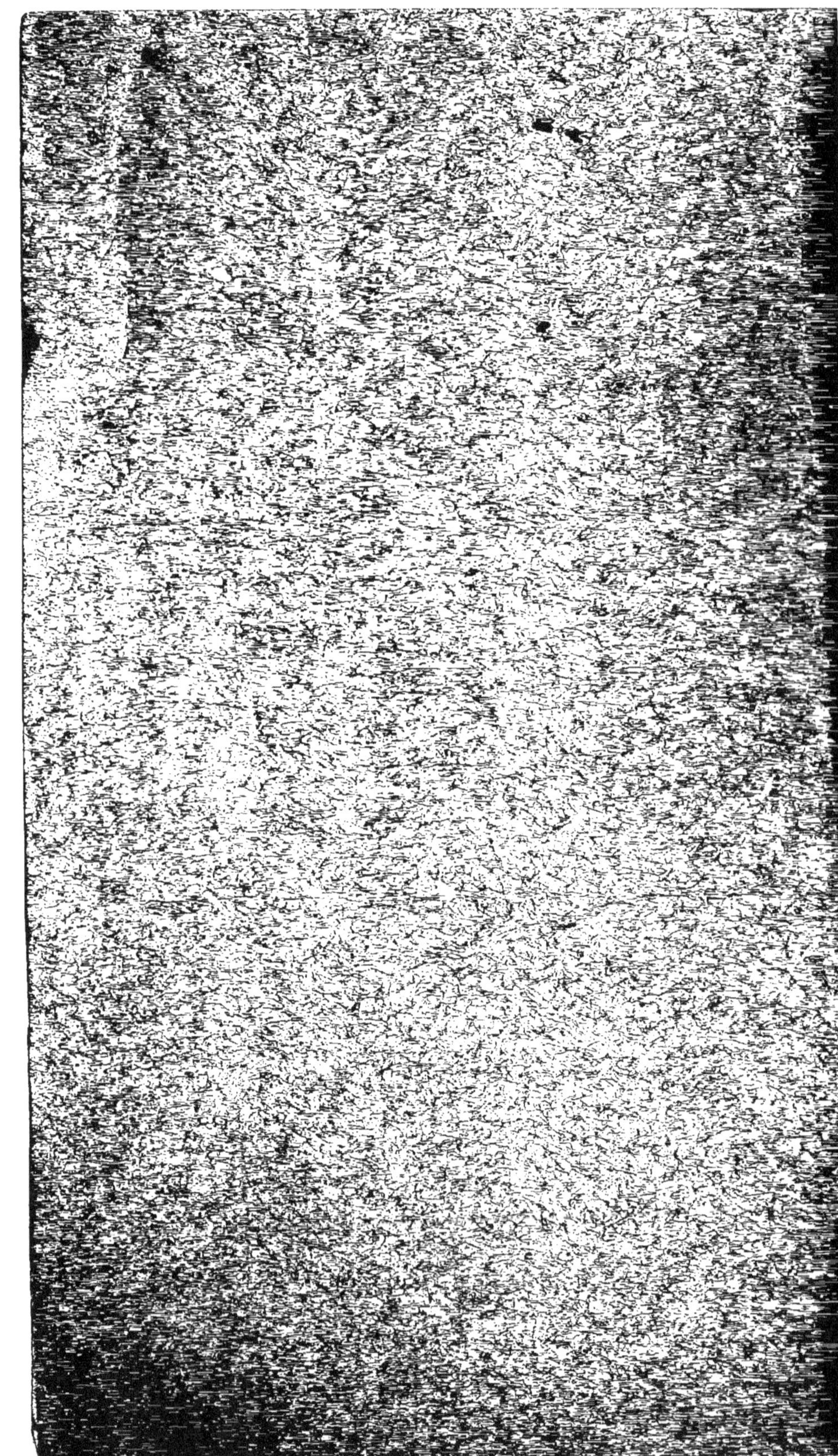

Don de l'auteur

F. Saguin

UNE ERREUR GÉOGRAPHIQUE

Note sur la Campagne de 1587

La Véritable Situation du Château de Grésil

UNE
ERREUR GÉOGRAPHIQUE

NOTE SUR LA CAMPAGNE DE 1587

LA VÉRITABLE SITUATION

DU

CHATEAU DE GRÉSIL

PAR

Fernand DAGUIN

DIJON

IMPRIMERIE PAUL BERTHIER, Vve P. BERTHIER, SUCC^r

12, rue Berbisey, 12

1914

UNE ERREUR GÉOGRAPHIQUE

NOTE SUR LA CAMPAGNE DE 1587

LA VÉRITABLE SITUATION DU CHATEAU DE GRÉSIL

———

On ne peut étudier sérieusement une campagne militaire qu'à la condition d'avoir sous les yeux la carte du théâtre des opérations. C'est là une vérité élémentaire. Pour l'avoir méconnue, certains historiens ont commis, parfois, au point de vue géographique, d'étranges bévues. C'est ainsi que MM. le baron A. de Ruble, Alexandre Tuetey, le comte Jules Delaborde et le comte Léonel de Laubespin sont tombés dans une erreur grave, lorsqu'ils ont prétendu situer le lieu où s'est opérée la jonction de l'armée de François de Chastillon avec celle du duc de Bouillon, au cours de la campagne de 1587.

Pour l'intelligence des explications que nous allons présenter, à cet égard, il est utile de rappeler brièvement les circonstances qui ont précédé la réunion des deux chefs protestants.

A la suite de la signature du traité de Nemours conclu, au commencement du mois de juillet 1585, par Henri III et le duc de Guise, traité dans lequel le Roi déclarait avoir pour agréable ce que la Ligue avait fait dans l'intérêt de la religion, parut un édit interdisant, sous peine de la confiscation, l'exercice du culte prétendu réformé, et donnant quinze jours aux ministres protestants et à leurs adhérents pour vider le royaume.

Ce fut le signal d'une nouvelle prise d'armes de la part des huguenots, et l'origine de la huitième guerre civile, dite guerre des trois Henri (1) (1586 à 1589).

Le principal rassemblement des dissidents se trouvait en Guyenne. Leurs troupes étaient sous les ordres du roi de Navarre, le futur Henri IV. Celui-ci, jugeant ses forces insuffisantes, chercha à s'assurer le concours des huguenots d'Allemagne. Il négocia à cet effet, et conclut avec Jean-Casimir DE BAVIÈRE, par l'entremise de plénipotentiaires, une convention, aux termes de laquelle Jean-Casimir s'engageait à lui fournir une bonne armée, composée de reîtres, de gens de pied allemands, suisses et autres, et d'arquebusiers français. Cette armée fut concentrée près de Strasbourg, le 15 août 1587 (5 août v. s.). Elle fut grossie presque immédiatement par un corps d'un peu plus de deux mille hommes, qu'amena le duc de Bouillon (2), lequel, comme lieutenant-général du roi de Navarre, prit le commandement suprême, nominalement du moins, le commandement effectif étant exercé par le burgrave Fabien de Dohna, représentant de Jean-Casimir. Son effectif total pouvait être évalué à trente ou trente-cinq mille hommes (3).

---

(1) Du nom des trois personnages qui y jouèrent les rôles les plus en vue : Henri III, roi de France, Henri, roi de Navarre, et Henri, duc de Guise, le Balafré.

(2) Henri-Robert de La Marck, duc de Bouillon.

(3) « L'armée d'invasion pouvait, d'après les calculs les plus modérés, se monter au chiffre de 35.000 hommes. » A. TUETEY, *Les Allemands en France*, t. I, p. 53. — Le biographe de Dohna évalue l'effectif de cette armée à 8.000 reîtres et 20.000 fantassins allemands ou suisses, sans compter les troupes amenées par le duc de Bouillon (*Commentarius de rebus, pace belloque gestis, domini Fabiani senioris burggravii à Dohna*, etc., Lugduni Batavorum, 1628, in-4° de XXVI-198 p.).

A la fin du mois d'août 1587, elle s'ébranla et passa d'Alsace en Lorraine, évitant, autant que possible, les engagements de quelque importance, et se bornant à dévaster le pays. Elle arriva ainsi à Pont-Saint-Vincent où elle franchit la Moselle ; après quoi, ses chefs tinrent conseil pour savoir quelle direction il convenait de prendre. Les uns voulaient se diriger sur Sedan, pour porter, de là, la guerre en Picardie ; les autres opinaient pour gagner la Loire, en traversant la Champagne et la Bourgogne, et pour rallier ensuite le roi de Navarre. Ce fut ce dernier parti qui l'emporta, malgré l'avis contraire du duc de Bouillon.

L'armée pénétra donc en Champagne, parvint aux environs d'Echenay (aujourd'hui arrondissement de Vassy, Haute-Marne), où elle campa, le mardi 15 septembre (5 septembre, v. s.).

Le lendemain, 16 (6 septembre, v. s.), au moment où elle quittait son campement pour s'acheminer vers Vaux-sur-Saint-Urbain, le seigneur de Clervant, colonel-général des Suisses, reçut une lettre de François de Chastillon, fils de l'amiral de Coligny, par laquelle il l'informait de son arrivée au château de Grézilles, avec quelques troupes de renfort (1), et il demandait qu'on vînt le recueillir.

La marche de Chastillon avait été des plus hardies. Parti du Languedoc, avec quelques milliers d'hommes, dans l'intention de rejoindre l'armée allemande, il avait franchi le Rhône, traversé le Dauphiné et la Savoie, la première de ces provinces, avec l'aide de Lesdiguières, et avait gagné Genève. De là, il s'était acheminé à travers les terres de l'évêque de Bâle, le comté de Montbéliard et la Franche-Comté, vers la

---

(1) D'après Agrippa d'Aubigné, il amenait 1.400 arquebusiers et 160 chevaux (*Histoire universelle*, édition de la Société de l'Histoire de France, t. VII, p. 167).

Lorraine, où il comptait rencontrer le duc de Bouillon. Près de Luxeuil, il eut un engagement heureux, au pont dit : de Chabottes. Le jour même du combat, il fit quatre lieues et entra en Lorraine, où, après avoir cheminé, l'espace de deux jours, à la recherche de l'armée qu'il allait rejoindre, il s'empara par surprise du château de Grézilles (ou Grésil), où il se mit en sûreté. En même temps, il cantonna ses soldats dans le village voisin, de Valleroy-le-Sec (1), qu'il mit en état de défense. Il avait, du reste, prévenu Clervant de son arrivée comme on l'a vu ci-dessus.

Le duc de Guise devait redouter l'entrée en ligne de François de Chastillon, car ce jeune capitaine avait la réputation d'un homme de guerre de haute valeur. Aussi le duc de Lorraine, avisé de sa présence à Valleroy, donna-t-il au marquis de Varambon l'ordre de faire une tentative pour l'enlever. Varambon partit de Toul (ou plutôt, peut-être, de Vitrey) (2), le 18 septembre 1587, avec quatorze cents arquebusiers et huit cents chevaux (3). Arrivé devant Valleroy, il attaqua les retranchements ennemis avec une telle impétuosité que les huguenots furent refoulés jusque dans les fossés du château de Grésil, où ils tinrent bon; dans cette affaire, assaillants et assaillis s'étaient tellement mêlés ensemble qu'on ne

(1) Situé maintenant dans le canton de Vittel (Vosges).

(2) Claude de La Chastre affirme que le marquis de Varambon fut dépêché de Toul (v. Histoire contenant les plus mémorables faits advenus en l'an 1587, etc., f° 21, recto). Un mémoire manuscrit de la Bibliothèque nationale (Mémoire touchant le marquis de Varambon, du 19 septembre 1587, Fonds français, 4734, f° 305) dit, au contraire, qu'il partit de Vitrey, ce qui est plus vraisemblable, car ce dernier village n'est qu'à 35 ou 40 kilomètres de Valleroy, tandis que Toul est éloigné de ce village d'une soixantaine de kilomètres au moins. Or, le lieutenant du duc de Lorraine ne mit que vingt-quatre heures pour faire le trajet.

(3) Ces chiffres sont donnés par J. Pape de Saint-Aubin (*Mémoires, Panthéon littéraire*, p. 404, col. 2). La Chastre (*op. cit.*, f° 21) dit que Varambon emmena avec lui son régiment, douze cents arquebusiers, trois cents lances et la compagnie de M. de Brion.

put, de part et d'autre, combattre qu'à l'arme blanche.
Si le marquis de Varambon eût eu à sa disposition
quelques pièces de canon, nul doute que Chastillon
eût été complètement détruit ou obligé de se rendre.

Pendant que cette expédition était tentée par les
Lorrains, un conseil avait été tenu à Vaux, par les
chefs de l'armée d'invasion. Les avis, comme de cou-
tume, s'étaient partagés ; les uns proposaient de ramener l'armée en arrière pour donner la main à
Chastillon ; les autres conseillaient de détacher seulement quelque troupe, pour lui prêter main-forte et
le ramener. Cette dernière opinion prévalut. On
expédia le seigneur de Dommartin et Frédéric de
Verren avec leurs régiments ; on leur adjoignit les
cornettes de chevau-légers du baron de Lanque et
du sieur de Beaujeu, ainsi que deux cents arquebusiers à cheval. Le détachement fut placé sous les
ordres du comte Jean de La Marck, frère du duc de
Bouillon, qui, jusque-là, avait commandé l'avant-
garde.

Pendant qu'on allait au secours de Chastillon, celui-ci se maintenait dans le château de Grésil. Trois
jours après son investissement, Varambon ayant été
averti par des coups de canon tirés de la place forte
de Lamothe (1), qu'un secours important allait arri-
ver à l'ennemi, prévenu, en outre, par un message
de M. de Melay que près de trois mille huguenots
étaient passés à proximité de la forteresse, se diri-
geant vers Valleroy, il abandonna l'entreprise et
battit en retraite.

Le détachement du comte de La Marck survint
dans les entrefaites. Chastillon, délivré, se joignit à
lui, et tous deux ensemble se mirent en marche pour

____

(1) Suivant un signal convenu avec le gouverneur de cette place, M. de
Melay.

rallier le gros de l'armée, qu'ils rejoignirent à Pré-sous-Lafauche (1).

Voyons, maintenant, où les historiens dont nous parlions, au début de ce travail, placent le château où eut lieu la rencontre de François de Chastillon et du comte de La Marck. M. Alexandre Tuetey s'exprime ainsi (2).

« Parti le 25 août, François de Chastillon traversa, en dépit de tous les obstacles, la Savoie, la Franche-Comté, où il fut attaqué près de Luxeuil et obligé de passer sur le ventre de la canaille qui lui barrait la route, entra en Lorraine et y chemina deux jours à la recherche de l'armée protestante. Arrivé en Bourgogne, près du château de Griselles, qu'il fit occuper par un de ses lieutenants, Jacques Pape, seigneur de Saint-Auban, il s'y retrancha, attendant la venue des reîtres qui devaient lui faire escorte et lui permettre de rejoindre ses coreligionnaires. »

Et il ajoute en note : « Griselles, Côte-d'Or, arrondissement de Châtillon-sur-Seine, canton de Laignes ».

C'est là une erreur topographique qui avait été commise, auparavant déjà, par M. le baron de Ruble, dans l'édition des *Mémoires de la Huguerie*, donnée par lui, pour la Société de l'Histoire de France. On y lit, en effet (tome III, page 164, note 1), à propos du château dont François de Chastillon s'était emparé : « Griselles (Côte-d'Or), près de Châtillon. Le château de Griselles fut surpris par le sire de Saint-Auban. Chastillon y passa quelques jours pour rafraîchir sa petite armée. » (*Mémoires de Saint-Auban*, Panth. litt., p. 401).

---

(1) J. P. DE SAINT-AUBAN, *op. cit.*, p. 402, col. 1. La Huguerie dit que la jonction s'opéra à Millières (Haute-Marne) (LA HUGUERIE, *Mémoires*, t. III, p. 184).

(2) *Les Allemands en France*, etc. (1587-1588), t. I, p. 76.

La même erreur se retrouve dans l'ouvrage de
M. le comte Jules Delaborde : *François de Chastillon,
comte de Coligny* (page 283, note 2), et dans l'édition
de l'*Histoire universelle* d'Agrippa d'Aubigné annotée
pour la Société de l'Histoire de France, par M. le
baron de Ruble (tome VII, page 167, note 3). On la
relève également dans l'*Ephéméride de Michel de la
Huguerie*, éditée par le comte Léonel de Laubespin,
pour la même société (page 212, note 1).

Il est probable, du reste, que l'erreur est originai-
rement imputable à M. le baron de Ruble, et que
ceux qui sont venus après lui n'ont fait que repro-
duire son assertion, sans la contrôler.

Quoi qu'il en soit, si les savants qui se sont ainsi
grossièrement trompés avaient suivi sur une carte
les opérations de François de Chastillon, si même ils
avaient lu attentivement le récit de J.-P. de Saint-
Auban, ils se seraient aperçus bien vite qu'il était
impossible d'identifier le château de Grézilles avec
celui de Griselles.

D'une part, les auteurs de mémoires qui relatent
la marche de l'armée de Chastillon nous apprennent
qu'après la rencontre du pont de Chabottes, près
Luxeuil, cette armée fit quatre lieues seulement, le
jour même du combat, et que, pénétrant en Lorraine,
elle y fit deux marches d'une journée chacune, avant
de s'emparer du château de Grézilles. Or, on compte
au moins cent quatre-vingts kilomètres de Luxeuil à
Griselles. Au XVIᵉ siècle, le mauvais état des che-
mins n'aurait pas permis à une armée de faire un
pareil trajet en trois jours. Actuellement même, malgré l'amélioration des voies de communication, une
armée ne le ferait pas. D'ailleurs, J.-P. de Saint-Auban déclare positivement que le château surpris par
lui était sis en Lorraine; on ne saurait donc le cher-

cher en Bourgogne. Il convient d'ajouter que le châ-
teau-fort de Griselles (Côte-d'Or) avait été détruit
au commencement du xve siècle (1).

On peut signaler encore d'autres impossibilités :
le marquis de Varambon, partant de Toul ou de Vitrey, était en présence des huguenots le surlende-
main ; il n'aurait pu, en un laps de temps aussi court,
parcourir les cent trente ou cent quarante kilomètres
qui l'auraient séparé de la localité occupée par Chastillon, s'il se fût agi de Griselles (Côte-d'Or). Il lui
aurait fallu, de plus, passer sur le corps de la grande
armée allemande, qui était cantonnée dans le Bassi-
gny, ou faire un long détour pour l'éviter. Varambon
et Saint-Auban nous assurent, en outre, que la retraite
des troupes parties de Toul ou de Vitrey fut ordon-
née lorsque les coups de canon tirés de la forteresse
de Lamothe eurent informé le premier qu'un détachement important accourait au secours des troupes
bloquées dans le château de Grésil. On n'eût pu, de
Griselles (Côte-d'Or), entendre le canon de Lamothe.

Enfin, Chastillon, tout en ignorant le point précis
où se trouvait le burgrave de Dohna, savait fort bien
qu'il n'était pas en Bourgogne, mais sur les confins
de la Lorraine et de la Champagne. Au surplus, il ne
se serait pas hasardé à franchir seul la Seine (Griselles est situé entre ce fleuve et l'Armançon), au
risque de voir tomber dans ses deux flancs les garni-
sons catholiques, qu'il devait, en général expérimenté,
supposer établies à Dijon et à Châtillon-sur-Seine.

De fait, après que François de Chastillon et le
comte de La Marck eurent opéré leur jonction avec
le gros de l'armée, celle-ci quitta Pré-sous-Lafauche
et se dirigea sur Châtillon-sur-Seine, par Châteauvil-

(1) Courtépée, *Description générale et particulière de la Bourgogne*, t. IV,
p. 758.

lain, où elle s'arrêta pendant quelques jours pour se
refaire. Elle passa la Seine à une lieue et demie au-
dessus de Châtillon. La Chastre, qui s'était rendu
dans cette ville sur l'ordre du duc de Guise, l'occu-
pait avec trois cents chevaux qu'il avait amenés et
trois mille arquebusiers qui lui avaient été envoyés
par Mayenne. Pensant que les Allemands cherche-
raient un passage à Etrochey, en aval, comme ils l'a-
vaient fait dans une invasion précédente, il avait
disposé ses forces de manière à leur disputer le pont
de ce village. Mais ses prévisions furent trompées.
Le 4 octobre (24 septembre, v. s.), l'ennemi, après
avoir débouché par les Jumeaux, opéra une conver-
sion à gauche, défila sur le plateau de Marigny et
alla traverser le fleuve entre Buncey et Chames-
son (1). La Chastre n'eut pas le temps de faire passer son monde de sa gauche à sa droite. Il n'y eut, par
suite, que deux escarmouches, peu meurtrières, l'une
sur la rive droite de la Seine, avant le passage, l'autre
sur la rive gauche, après qu'il eut été effectué (2).
Le burgrave de Dohna prit ses quartiers, le soir, à
Ampilly-le-Sec, Cérilly et Laignes ; l'artillerie, gar-
dée par le régiment de Berne, occupa le premier de
ces villages, l'infanterie fut cantonnée dans le second,
et la cavalerie dans le troisième, c'est-à-dire, cette
fois, à proximité de Griselles.

On connaît l'issue de cette campagne. L'armée protestante, après avoir franchi l'Yonne, chercha à gagner La Charité pour y passer la Loire, dans l'espoir
de rejoindre ensuite le roi de Navarre ; mais les gués
et les ponts étaient gardés par les catholiques. Déci-
mée par la maladie, épuisée par les fatigues et le

(1) La Huguerie, *Ephéméride*, p. 260.
(2) La Huguerie, *Ephéméride*, p. 260, 261 et 262 ; La Chastre, *op. cit.*, fᵒ 26,
27 et 28.

mauvais temps, fort maltraitée aux combats de Vi-
mory et d'Auneau, elle fut tout heureuse d'entrer en
composition avec le roi de France. En vertu d'une
capitulation qui leur assurait une forte indemnité,
les Suisses consentirent à regagner leur pays. Les
reîtres, de leur côté, battirent en retraite, probable-
ment à la suite d'un accord intervenu entre eux et
Henri III, au grand désespoir du Balafré, qui comptait les exterminer. Suisses et Allemands quittèrent
donc la France, laissant en Lorraine, en Champagne
et en Bourgogne, provinces qu'ils avaient dévastées,
un souvenir exécré.